Gudrun Münster

Gudrun Münster

Land, dein Lied

Impressionen aus Schleswig-Holstein

Westholsteinische Verlagsanstalt
Boyens & Co., Heide

ISBN 3-8042-0387-6

© 1987 by Westholsteinische Verlagsanstalt Boyens & Co., Heide
Umschlaggestaltung Günter Pump
Alle Rechte, auch die der fotomechanischen und des auszugsweisen Nachdrucks, vorbehalten
Herstellung: Westholsteinische Verlagsdruckerei Boyens & Co., Heide
Printed in Germany

Inhalt

Frühling am Deich 7
Land unterm Wind 11
Unterm Haselbusch 14
Kleine Reise quer durchs Land 17
Am alten Ziehbrunnen 22
Halligfrühling 24
Stranddistel 27
Der Garten des Meeres 29
Kuckuckssommer 33
In den Feldern 37
Die Drossel 40
Schmetterling 42
Auf den alten Höfen 44
Mittagszauber 48
Am Moorsee 51
Braune Heide 55
Am Hünengrab 57
Herbst 60
An der Au 62
Im Bauernwald 65
Regen im Wald 69
Winterwald 71
Land, dein Lied 74

Frühling am Deich

Herber Frühling unseres nördlichen Landes. Die Sonne macht sich noch rar. Ein frischer Wind kommt von See. Er riecht nach Wasser und Salz, er ist feucht. Unter seinem Hauch beginnt die Erde zu tauen, und würziger Geruch steigt aus der Erde. Dazwischen mischt sich ein wenig Lieblichkeit, ein zarter Duft nach jungem Gras und den ersten Gänseblümchen, die hier und da auf kurzen Stengeln zu blühen beginnen. Frühlingsduft.

Die Pappeln haben weißflaumige Frühlingsfahnen aus den Zweigen gehängt, und die Weiden stehen voll silberner Kätzchen.

Tagelang ziehen Wildgänse nach Norden. Über den Strom, über den Deich, über das Marschengehöft. Der Bauer sieht ihnen nach und hört, wie sie im Flug einander zurufen. Seine kleine Tochter steht am Gartenzaun und träumt. Was träumt sie? Von Nils Holgerson, der auf dem weißen Gänserich durch die Luft reitet, von der alten Wildgans Akka, die allen voranfliegt, da, da, wo die Spitze des Flugkeiles in die Wolken stößt. Die wilden Gänse, wo kommen sie her, wo fliegen sie hin? Und das Kind träumt.

Dem Bauern aber geht das Herz auf bei dem heisern Schrei der Zugvögel. Frühling! Da zieht er die Gummistiefel an, ruft seinen Hund und steigt auf den Deich.

Wie weit das Land! Stromland. Der Bauer muß die Augen kneifen, so hell ist der Himmel. Er spiegelt sich in allen Wassern. In den Regenpfützen, in Tümpeln und Gräben. Zu keiner Zeit ist das Land so voll Himmel wie im Frühling. Und der Marschenbauer muß an den Schweizer Bergbauern denken, der bei ihm zu Besuch war, in der Marsch stand und ausrief: „Was für ein Land! So weit das Auge reicht!"

Der Hund steckt die Nase in die Luft und schnuppert. Was trägt der Wind ihm nicht alles zu. Hasenfährte, den Geruch von Enten, Rehen, Füchsen ... und der Hund macht einen Sprung über den Graben, spielt mit dem Wind, der ihm die zottigen Ohren aufbläst wie Segel, rennt hin und her, und weiß nicht, welcher Spur er zuerst folgen soll.

Der Strom ist der Spender der Fruchtbarkeit. Im Winter überspülen Hochfluten das Außendeichsland und lagern immer neue Schichten fruchtbaren Schlammes ab.

Aber er kann sich auch anders zeigen. Wild, zerstörerisch. Wie in jener Nacht, als die Sturmflut tobte, als die Wellen wie gierige Wölfe gegen den Deich rannten, als die Männer sich an den Deich warfen, wie sie es als Schulkinder ungläubig in ihren Geschichtsbüchern gelesen hatten, „sie hielten den Deich mit ihren Leibern". Es war nicht mehr der Strom, der tobte, es war das Meer.

Wer sieht den Bäumen heute noch an, daß sie auf dem Meeresgrund standen? Voll schwellender Knospen sind sie, voll kommender Blüten.

Wildenten klappern am Strom entlang. Sie brüten in den schilfverwachsenen Ufern. Die Ufer sind nun von

Zugvögeln dicht bevölkert. Sie rasten hier auf ihrem Flug von Nord nach Süd. Das Läuten der Singschwäne hört man nicht mehr. Sie sind mit dem ersten Tauwind nach Norden gezogen. Jetzt tönt das helle Kiwitt – kiwitt übers Land. Er gehört in die Marschenwiesen, der Kiebitz. Er ist der erste, der heimkehrt im Frühjahr, und er ist der letzte, der im Herbst wegzieht. Wenn die Kinder ihn sehen, rufen sie ihm nach, „hier geiht de Weg na'n Kiwitt, Kiwitt, dar geiht de Weg na'n Kukkuck hen!" Nun, mit dem Kuckuck hat es noch Zeit. Wenn er hier ist, trillert auch schon die Lerche, und wenn der Bauer die Wiesen mäht, werden die unzähligen Regenpfeifer ihm ihr wehmütiges Früh-lüh vorflöten.

Der Wind bläst das Land trocken. Er bewegt die Zweige am Weidenbaum, er raschelt im Reet. Immer ist er da. Am stillsten Tag noch singt er in den Gräsern.

Der einsame Wanderer, der den blaßrosa Saum der Pestwurzblüten am Ufer entdeckt, dreht sich um und lauscht. Immer hört er Stimmen hinter sich. Da sieht er einen Vogel am Boden hocken, unbeweglich. Oder ist es ein Hase? Er geht zurück und findet nur einen grauen Erdklumpen, und die Stimmen täuschte ihm der Wind vor.

Der Bauer aber wendet sich nicht um. Ihm ist sie vertraut, die Melodie des Deichlandes.

Land unterm Wind

Der Wind ist der Herr des Landes zwischen den Meeren. Immer ist er da. Er rauscht in den Bäumen, er singt in den Wiesen, er pfeift um die Häuser. Auch, wenn man glaubt, daß es windstill sei, so ist doch eine ständige Bewegung in den Gräsern, ein leichtes, vogelähnliches Zwitschern in der Luft. Es ist, als singe der Dornbusch im Knick, als singe das Land selber.

Der ständige Wind hat die Baumallee in der Nordseemarsch rasiert, scharf geschnitten von Westen nach Osten. Die Bäume beugten sich seiner Gewalt und wuchsen schräg, aber knorrig hoch.

Wolken treibt er vor sich her, der Wind, graue Winterwolken, weiße Sommerwolken, Kumuluswolken, leuchtende Gebirge des Flachlandes.

Möwenschwärme wirft er wie Schneeflocken übers Land, bricht aus den Eschen vor den Gehöften Äste ab und peitscht die See gegen den Deich. Lauter wird er, stärker bläst er, weit ausholend, weit über See, heulend, brüllend, gleich gewaltigen Posaunen. So schwillt er an zum Orkan. Er reißt die Menschen um, die kleinen, ohnmächtigen Wesen, er reißt Tiere um, er reißt Bäume aus der Erde. Wehe, kommt nun eine Springflut hinzu, wehe, sind nun die Deiche nicht fest!

Der Wind ist dem Küstenbewohner ein Vertrauter. Schon das Kind lauscht auf den Wind, bestaunt sein

Spiel in den Blättern. Ihm ist sein Singen vertraut von ersten Lebenstagen an. Es schläft ein, wenn er leise raunend ums Haus geht, zärtlich schnurrend wie eine Katze. Beruhigend wirkt sein himmlischer Sang.

Später muß das Kind sich gegen ihn stemmen, die schafwollene Pudelmütze auf dem Kopf, die Windjacke fest zugeschnürt. Es spielt mit dem Wind, läßt Drachen steigen, die hoch in der Luft stehen, es bastelt kleine Windmühlen, baut Segelflugzeuge. Schon früh lernt es, die Winde zu unterscheiden, die unterschiedlichen Stimmlagen, die verschiedenen Richtungen.

Der Westwind, der Seewind, klingt voll rauschend, manchmal tief orgelnd, er bringt den salzen Hauch des Atlantiks, er ist feucht und weich. Westwindsommer sind Regensommer, Westwindwinter milde Winter.

Der Ostwind, der Kontinentalwind, hat einen ganz anderen Ton. Er klingt hoch und hell, wie klirrendes Glas, er ist trocken und hart, er dörrt das Land aus. Ostwindsommer sind Dürresommer, Ostwindwinter bitterkalte Winter.

Der Nordwind, der Polarwind, gar zu gern mischt er sich unter Ost und West und bringt den Eiseshauch vom Nordmeer, manchmal mitten im Sommer.

Der Südwind, seltener Gast in diesem nördlichen Land, beschert warme Sommerabende und manchmal werden die Nächte so lau, daß das Plankton im Meer zu leuchten beginnt. Meeresleuchten sagen die Menschen. Ein Geschenk des Südwinds.

Land zwischen den Meeren, Land unterm Wind, geprägt vom Wind, beherrscht vom Wind. Urelement Wind wird zum Heimatlaut.

Unterm Haselbusch

An der Au blüht der Haselbusch. Einer von vielen, die einst hier standen und der Gemarkung ihren Namen gaben, Haselau, Haseldorf. Wenige Haselbüsche sind übrig geblieben im Zuge der Besiedlung, des Straßenbaues und der Trockenlegung des Landes.

Dieser Haselbusch steht groß und breit, ein Veteran, am Weg. Von seinen Zweigen wehen die Frühlingsfahnen, lang und gelbgrün. Der Wind streicht sie alle in eine Richtung. Woher der Wind weht, am Haselbusch kann man es ablesen. Feiner, gelber Blütenstaub rieselt zur Erde.

Feucht ist die Erde, riecht nach Wasser, nach frisch gegrabener Scholle, nach erstem, jungem Gras. Am morastigen Ufer wächst der Haselbusch, die Wurzeln tief im nassen Grund. Über das Ufer neigt er sich, spiegelt sich im Wasser. Jung ist er wieder geworden, der Haselbusch, jetzt im März, wenn alle seine Fahnen wehen.

Ein paar Tage Sonnenschein und schon sind die ersten Bienen ausgeflogen, taumeln noch, summen und suchen und finden den Haselbusch. Haselkätzchen, erste Bienenweide.

Noch ein paar Tage Sonnenschein und am Fuße des Haselbusches blühen die Buschwindröschen auf. Dann werden die Haselkätzchen braun, haben ausgestäubt, fallen ab. Die weiblichen Blüten sind befruchtet, schwellen, erst ein Pünktchen nur, dann ein Knoten, um den flauschige, winzige Blätter wachsen. Inzwischen wird der ganze Busch grün, der Sommer kommt und – ach, vergessen sind die Frühlingsfahnen des Haselstrauches.

Und eines Tages geht ein junges Paar am Haselstrauch vorbei, bleibt stehen, der Mann biegt die Zweige auseinander und sagt zur Frau: „Sieh mal, die Haselnüsse werden reif." Paarweise hängen sie, gut eingepolstert in die grünen Schutzblätter am Zweig. Der Mann pflückt eine Nuß ab, schält sie aus der grünen Hülle heraus. Braun ist die Nuß, wie die Augen der Frau, und hell gestreift, wie ihr Haar. „Haselnüßchen", sagt der Mann zärtlich, und legt ihr die Nuß in die Hand.

Kleine, braune, blanke Nuß, gewachsen aus Frühling und Sommer, aus Regen und Sonne, aus Erde und Wasser. Ein Wunder? Ein Gesetz der Natur? Oder das eine im anderen?

Wie sagte noch der kleine Jens, als er Haselnüsse pflückte? „Ja, wie sie da raus kommen aus der Schale, das sehe ich ja, aber wie kommen sie da rein?"

Kleine Reise quer durchs Land

Wir fahren mit der Eisenbahn auf der einspurigen Nebenstrecke quer durchs Land. Wie komfortabel eine Reise im Fernexpress, wie aufregend eine Ankunft auf großen Bahnhöfen auch immer sein mag, so reizvoll sind Fahrten in dem schnaufenden, schwankenden Bummelzug abseits der großen Schienenwege.

Das Bähnchen pustet, wenn es einen Hügel erklimmen soll, um gleich darauf in sausender Fahrt talwärts zu schießen. Man kommt durch Dörfer, die weltvergessen hinter Wäldern liegen, und man steigt auf Bahnhöfen aus, die nur durch ein Stationsschild als Bahnhof zu erkennen sind. Man steht auf einem Kiesweg, am Rande blühenden Unkrauts, man ist angekommen, vielleicht als einziger Fahrgast. Wiesenduft weht einem entgegen, und die großen Städte, aus denen man kam, sind vergessen.

Pfingstmorgen sitzen wir schon früh im Zug, in einem knallroten Triebwagen, Ein-Mann-Bedienung, ein Abteil für alle Gäste, hinten angehängt ein Gepäckwagen.

Dunstschleier, die sich langsam heben, kündigen einen schönen Frühlingstag an, geben den Blick frei auf Buchenwälder und Wiesenbuckel. Wir fahren durch das Hügelland Ostholsteins.

Blühendes Kälberrohr schäumt rechts und links am

Zug vorüber. Die Buchen stehen im zartesten Grün, und überall leuchtet in wunderbarem Kontrast zum Blau des Himmels hügelauf, hügelab das Gold der Rapsfelder.

Alles ist uns schon vertraut auf dieser Strecke, die alte Kate mit dem Ziehbrunnen vor der Tür. Zweihundert Jahre scheinen hier stehengeblieben zu sein. Wieder sehen wir das weiße Gutshaus hinter der mächtigen Eichenallee. Langsam fahren wir vorüber, wenn das Bähnchen auch tut, als mache es eine rasende Fahrt. Es zischt und rüttelt und kreischt in Achsen und Bremsen, und an jedem Weg, der die Schienen kreuzt, gibt es einen schrillen Pfiff von sich, daß die Kühe auf den Weiden die Köpfe heben und uns käuend nachblicken. Sie kennen das rasende Ding, das da durchs Land lärmt. Sie lassen es ruhig vorüberfahren. Herausgefordert fühlen sich nur die jungen Stiere. Wie toll springen sie am Zaun entlang und stoßen mit den Hörnern in die Luft.

Auf einer Station zwischen blühenden Holunderbüschen steigt ein kleines Mädchen ein, ein wenig verlegen, ein wenig aufgeregt, die Appelschnut glüht unter dem braunen Haar. Es hält ein Päckchen, mit roter Schleife umwickelt, in der Hand und preßt in seinen Arm einen großen Pfingstrosenstrauß, der bald im ganzen Wagen einen süßen Duft verbreitet.

Gerade eben hat das Kind sich hingesetzt, da fährt der Zug an und hält auch wieder. Was gibt's? Eine Panne? Nein, nur einen verspäteten Fahrgast. Eine dicke Frau läuft heran, so schnell es ihre Fülle erlaubt. Das aufmunternde „Nu man to, Trina", das der Zugführer ihr zuruft, läßt sie atemlos ins Abteil stolpern.

Ach, diese köstliche Reise, auf der immer der Fahrplan stimmt, auch, wenn der Zug ein paar Minuten später abfährt.

Das Land wird buckeliger, je weiter wir ostwärts fahren. Immer mehr kleine und große Seen leuchten tiefblau auf. Prächtiger werden die Buchenwälder. Hinter ihren Kronen ahnt man schon den Brandungssaum der Ostsee.

An vielen, kleinen Stationen haben wir gehalten. Der verborgenste Winkel aber scheint dort zu sein, wo das Bahnwärterhäuschen wie verwunschen an der Strecke steht. Hier hält der Zug. Wir sehen in den kleinen Garten. Er quillt über von Blumen. Er lacht aus Vergißmeinnicht und Stiefmütterchen und glänzt in weißem Steinkraut. Der Weg ist mit Muschelkalk bestreut. Ein Pfingstgarten.

Wir halten genau an dem einzigen Apfelbaum dieses Gärtchens. Er ist überschüttet von weiß-rosa Blüten. Wenn das alles Äpfel werden! Aber noch hat es Zeit mit dem Pflücken. Heute hackt der Bahnwärter Holz. Unser Zugführer ist ausgestiegen und zu ihm gegangen. Er hat etwas mit ihm zu besprechen, und das wird dahinten gemacht, zwischen Haublock und Holzstapel. Der Bahnwärter legt das Beil gar nicht erst aus der Hand, und als der Zugführer zurückkommt, ertönt schon wieder das gleichmäßige Taktak des Holzhackens. Die dicke Trina droht aus dem Fenster, es ist Pfingsten! Er winkt lachend zurück. Sie kennen sich.

Mit dem Weiterfahren geht es aber noch nicht so schnell. Auf den Gleisen haben sich Hühner breit gemacht. Der Motor heult auf. Das Federvieh kümmert sich nicht darum. Da, ein schriller Pfiff der Bahn und die Hühner stieben auseinander.

Es ist ein wunderschöner Tag geworden. Die Sonne scheint so hell, und der Himmel leuchtet wie eine tiefblaue Bauernschüssel, die sich über das ganze Land wölbt. Größer werden die Seen, an denen wir vorüberfahren, besetzt mit vielen Booten. Blendend stehen die weißen Segel im Himmelblau und im Wasserblau. Tief neigen sich die Buchenkronen übers Ufer. Schwäne scheinen auf dem See zu schweben. Das Entenvolk flattert und lärmt, und Schwärme von Lachmöwen fliegen auf.

Die Seen, sie sind die blauen Augen dieses Landes, die sich zuschließen, wenn der Winter über die Ostsee kommt, und die sich im Frühjahr wieder aufschlagen unter dem milden Hauch des Südwindes.

Als wir gegen Mittag unser Ziel erreichen, haben wir einen langen Umweg gemacht. Per Auto wären wir in einer Stunde dort gewesen, wohin uns die einspurige Bahn um Hügel und Seen umständlich führte.

Uns war es nicht um Eile zu tun. Mag auf schneller Straße dahinbrausen, wer es muß. Keine Fahrt ist so amüsant und beschaulich zugleich wie diese kleine Reise quer durchs Land.

Am alten Ziehbrunnen

Der alte Ziehbrunnen unter dem Holunder ist still und von geheimnisvoller Tiefe, abseits des Hauses und doch allem menschlichen Leben verbunden seit Urzeiten.

Du beugst dich über den Rand und schaust in die schwarze Tiefe. Unten siehst du dein Spiegelbild. Und da ist es dir, als wüßte der Brunnen alles von dir, deine verborgensten Gedanken, deine geheimsten Wünsche.

Du hörst dein Herz in ihm klopfen. Oder ist es das Herz der Erde? Zur Erde führt er dich, zu den unterirdischen Wassern, zu den unsichtbaren Strömen.

Dir fallen die alten Geschichten wieder ein, von der Wasserfee, die in der Tiefe des Brunnens wohnt und die Kinder zu sich herablockt; von der verzauberten Kröte, die im Brunnen auf Erlösung wartet; von Frau Holles wundersamen Land, das sich dem erschließt, der in den Brunnen hinabsteigt. Du glaubst an die alten Geschichten nicht mehr, du belächelst sie, aber du würdest die Kröte erlösen, säße sie jetzt auf dem Brunnenrand vor dir.

Du blickst auf die ausgetretenen Steine im Gras, Trittplatten, über die jahrhunderte lang Menschen zum Brunnen gegangen sind. Und du siehst sie dort ankommen aus der Tiefe der Zeit, als kämen sie aus der Tiefe des Brunnens. Sie gehen in einfacher Bauerntracht, Holzschuhe an den Füßen, den Steinkrug im Arm, sie winden den hölzernen Eimer hinab in den Brunnen.

Und du kennst sie auf einmal alle. Du weißt um ihr Leben. Du weißt um ihre Freuden und ihre Nöte. Dem Brunnen haben sie sie anvertraut. Tränen sind in ihn gefallen und auch das Flüstern der Liebe hat er gehört. Glück und Not standen an seinem Rand.

Die Generationen sind vergangen. Die Menschen und ihre Schicksale versunken in der Tiefe der Zeit. Aber ihre Spur haben sie hinterlassen. Der alte Ziehbrunnen unter dem Holunder kennt ihre Geschichte.

Du sitzt an seinem Rand und sinnst darüber nach. Nie zuvor war dir die Vergänglichkeit deines Lebens bewußter.

Halligfrühling

Weit draußen zwischen Watt und Meer schwimmen die Halligen im Licht. Träume über dem Wasser. Bei Ebbe hell und hoch, ins Licht gehoben. Bei Flut niedrig und dunkel, geheimnisvoll. Im Frühlingslicht, wie in den Himmel gestellt, in einen Himmel aus grauer Seide. Südwind bläst mit milderem Hauch über die See, die harte und immer unruhige Nordsee wird ein wenig stiller.

Vogelwolken fahren mit rauschendem Flügelschlag in Gesang und Rufen vorüber, tagelang, wochenlang. Geblieben sind Scharen von Seeschwalben, Regenpfeifer und die unaufhörlich trällernden Lerchen. Der Tütvogel ruft und ruft. Es wird einem ganz dösig davon im Kopf, sagt der Fischer, der sein Schiff klar macht, das im Pril vor Anker liegt. Mit der Flut will er 'raus, auf Schollenfang. Auf der Hallig schlüpfen indessen die Jungvögel aus den Nestmulden am Erdboden aus. Seevögeljunge, graue Daunenbälle, auf hohen Beinen, Nestflüchter, die sie sind, und rennen piepsend und schreiend hinter den Altvögeln her.

Auf den Weiden ist das große Lämmerhüpfen im Gange. Klägliches Mäh, Mäh und tiefes, beruhigendes Rufen der Mutterschafe geht hin und her. Saugende Lämmer am grauen Muttertier, vor Lust wirbelnde Schwänzchen, und kleine Böcke, die sich spielend schon bekämpfen, Frühlingsbild der Hallig.

Der grüne Teppich auf dem weiten, baumlosen Land beginnt zögernd bunt zu werden. Zuerst erscheinen die weißen Blütensterne der Gänseblümchen. Hier und da streut ein Löwenzahn schon sein Gold dazwischen. An den oft überspülten Rändern wächst die Sude, der Meereswegerich. Seine silbergrauen Blätter treibt der Meeresbeifuß breit aus und Halligwermut säumt die Prilränder.

Ihr Festgewand aber legt die Hallig zu Pfingsten an, wenn die Strandnelken blühen. Ein rosaroter Schimmer legt sich über das Land von den vielen, kugelblütigen, kurzstengeligen Strandnelken. Der rosa Teppichflor bewegt sich im Wind leise in schönem Kontrast zum blaßblauen Himmel. Gern pflücken die Feriengäste sich einen Strauß und binden Trockenkränze daraus für den Winter.

Hallig, Land zwischen Watt und Meer, wo kein Baum im harten Wind hochkommen kann, wo kein Singvogel des Binnenlandes singt, wo in Moll Seevögel rufen, auch sie hat ihren Frühling, herb und in eigenwilliger Schönheit aufgeblüht.

Stranddisteln

Wind weht von See. Singt im Dünengras. Schreibt seine Spur in den Sand. Schneidet scharfe Kämme in die Dünen.

Die Stranddisteln stößt er an, daß die stacheligen Blätter klappern. Dann schweigt der Wind einen Augenblick und die Distelköpfe stehen still und blau im weißen Sand, als wären sie ein Stück aus der tiefen, blauen See.

Leise plätschert die Flut, spielt mit der weißen Schaumkante. Seeschwalben schreien, streiten sich um einen Fisch. Eine Möwe steht gegen den Wind, grauweiß am Himmel, ein Zeichen voll Licht und Kraft. Aus dem Strandgras ruft der Regenpfeifer, eintönig, immer denselben Vers. Und doch ist sein Lied voll Poesie.

Seeschwalben haben ihre Jungen ausgebrütet in den Sandmulden zwischen Steinen und Muscheln, zwischen Meeresbeifuß und Tymian. Kleine Daunenbälle auf wackligen Beinen, so laufen die Jungen den Altvögeln nach. In verlassenen Kaninchenhöhlen am Steilufer brütet die Brandgans. Sie steckt ihren buntgefiederten Kopf heraus und äugt über die blauen Distelköpfe hinweg bis weit auf die See.

Draußen tuckert ein Fischerboot. Die Fischer gehen auf Fang. Brot aus der See. Schwer ist das Werk. Die Fischer sehen keine Poesie darin.

In der Abenddämmerung beginnen die Möven zu rufen, den langen, melancholischen Abendgesang. Die blauen Farben der See wechseln in Violett, Grün, Grau. Der Strand wird wie gelber Samt. Ein Bild aus Wasser, Licht und Sand, voll Poesie.

Dann wird der Himmel schnell dunkel und dunkel die See. Auch die blauen Disteln hat die Dunkelheit verschluckt. Schwer schlagen die Wellen an den Strand. Unheimlich ist die dunkle See und verlockend zugleich.

Um Mitternacht geht der Mond auf, wirft einen schmalen Silberstreifen aufs Wasser. Ein Vogel schreit. Nun schleicht der Fuchs mit einem Kaninchen weg. Immer, gleichmäßig tönt der Brandungsschlag, plätschernd, murmelnd, ein ewiges Lied.

Da löst sich ein Schatten aus den Dünen, wandert den Pfad durch die Stranddisteln zur See. Zwei Menschen. Und sie gleiten ins Wasser, so still wie Fische. Silbern umspülen die Wellen ihre Körper. Für sie ist die Welt voll Poesie.

Der Garten des Meeres

Zweimal täglich weicht die See vom Land zurück. Das Meer gibt den Streifen zwischen Küste und Inseln frei. Amphibisches Gebiet, das Watt. Der Grund der See liegt offen. Der Garten des Meeres darf betreten werden.

Der Wattwanderer steigt hinunter in die Weite, barfuß geht er über immer neu sich formenden Urgrund. An manchen Stellen ist der Boden hart gerippt, das Wellenmuster massiert den Fuß. Wie anders fühlt sich die schlüpfrige Schlammfläche an, in die er tief einsinkt.

Mit dem Wechsel des Lichts spiegelt sich das Watt in immer neuen Farben. Unter Wolken grau, braun, violett, schwer und dunkel. Sattes Gelb malt die Sonne, trocknet den Boden zu weißer Wüste, läßt ihn an feuchten Stellen bunt schillern. Verlockend ist es, in dieses Farbenspiel einzutauchen, den Garten des Meeres zu entdecken.

Teppiche von Blattalgen wuchern über Watthügel, verflechten sich zu einem Rasen am Meeresgrund. Seegras treibt seine langen Wurzelstöcke durch den Schlick. Stille Wiesen der See. Hier weiden die Meerestiere, Krebse, Fische, Muscheln aller Art. Der Seeigel geht zwischen Gräsern verborgen auf seinen Stacheln spazieren.

Die Sandflächen sind übersät mit kleinen Schlickhäufchen. Sie verraten, daß hier der Wattwurm seinen unterirdischen Bau hat. Der Wattwanderer gräbt ihn aus und schaut amüsiert zu, wie schnell er sich wieder eingräbt. Er durchpflügt den Meeresgrund. Wattschnecke und Polypen berührt sein Fuß. Winzige Fischbrut steht in Pfützen und Lachen. Vorsichtig umgeht er die Krebse.

Was wäre dieser Garten ohne die Vögel? Wer will sie alle aufzählen, die vielen Arten, die trillernd, klagend, flötend das Watt bevölkern? Von weit her hört man ihre Rufe. Sanft, melancholisch. Klang in Moll.

Als der Wattwanderer eine Zeitlang gegangen ist, bleibt er stehen und schaut sich um. Das Festland erscheint nur noch als Strich am Horizont. Der Wanderer ist allein in einer fremden Welt. Er lauscht. Ein Flüstern, ein ständiges, feines Wispern ist um ihn. Geheimnisvoll. Stimmen der Tiefe.

Seewärts rieselt das Wasser im Priel. Kleines Rinnsal, das bei Flut plötzlich zum ausgewachsenen Fluß mit reißender Strömung wird. Der Wattwanderer watet hindurch. Ein Stückchen noch will er weitergehen und nach den Früchten dieses Gartens schauen. Meeresfrüchte, halb Pflanze, halb Tier. Vielfältig in Formen und Farben. Der Schlamm als Schoß allen Lebens bringt die Urformen des Geschaffenen hervor. Der Garten des Meeres offenbart alle Fülle des Lebens in Miniatur.

Muscheln schimmern in den schönsten Pastellfarben. Schalen aus Perlmutt, glänzend im Feuchten. Fest um das Muscheltier geschlossen. Und reinweiß als leere Schale, in der das Muscheltier längst gestorben ist. Der Wattwanderer hebt eine große, schön gedrehte

Muschelschale auf und hält sie ans Ohr. Er ist ja allein, es sieht ihn niemand. Was rauscht darin so geheimnisvoll? Das Meer. Er weiß, es ist der Luftzug in den Windungen, der darin tönt. Hier am Grunde der See aber will er an das Meeresrauschen glauben.

Lange Wolkenschatten fallen übers Watt. Dunkel. Bedrohlich. Bald kommt die Flut. Der Wattwanderer kann sich eines Schauers nicht erwehren. Unheimlich wird ihm der Garten des Meeres. Ihn daran mahnend, daß er, der Mensch, ein Fremder hier ist, ein nur für kurze Zeit Geduldeter. Ein Gast, ein Eindringling und Gefährdeter zugleich. Er kehrt um und geht zurück an die grüne Deichkante des Festlandes. Er kommt aus einer anderen Welt. Verzaubert, erlöst. Die Flut läuft auf. Der Garten des Meeres versinkt im Wasser.

Kuckuckssommer

Der Kuckuck ruft. Hell und laut und fröhlich schallt es über die Marschenwiesen Frieslands, über Hügel und Seen Ostholsteins und in Wald und Moor der Geest. Kuckuck – Kuckuck.

Du Tagedieb, du Taugenichts, du Faulpelz, läßt deine Eier von anderen Vögeln ausbrüten, so schelten wir, aber nur zum Scherz und warten doch sehnsüchtig auf seinen ersten Ruf im Frühling. Was Amsel und Drossel nicht geschafft haben, was Buchfink und Meise nicht zustande brachten, der Kuckuck verkündigt es: Hoher Frühling, Sommer, Kuckuckssommer. Milde Tage, warme Luft, Wachstum auf den Feldern, Gedeihen der Saaten.

Kalte Luft behagt ihm nicht. Dann versteckt er sich und schweigt. Regen, warmer Regen dagegen macht ihm nichts aus. „Der Kuckuck auf dem Zaune saß, da kam ein Regen und er ward naß." Nichts fragt er danach. Fröhlich ruft er sein Kuckuck. Und manchmal verschluckt er sich vor Eifer, aus der Terz wird ein stotterndes kuck-kuck-kuck –

Da kommen zwei kleine Mädchen über die Wiese und rufen ihm zu: „Kuckuck an'n Heben, wa lang schall ik leben?" Er antwortet, drei, vier, fünf Mal und ruft weiter und weiter. Die Kinder zählen mit. Zwanzig, dreißig, fünfzig – Kuckuck, schrei dir nicht die

Seele aus dem Leib! Hundert! Hundert Jahre werden wir alt! Oh Kuckuck, du Sommerübertreiber!

Ein alter Mann geht durch den Wald. Verzückt hört er den Kuckucksruf. So rief er schon in seiner Jugend. Ist es derselbe Kuckuck noch? Der Alte schüttelt den Kopf. Nein, immer neue Kuckucksjunge wachsen in den Nestern der kleinen Singvögel heran. Und dann tut der alte Mann etwas, was er in seiner Jugend schon tat, tut es jetzt lächelnd, nachsichtig mit sich selbst, er öffnet sein Portemonnaie und zählt das Geld. Geld muß man bei sich haben, beim ersten Kuckucksruf, dann geht das ganze Jahr das Geld nicht aus.

Kuckuck, du Schelm! So nahe vor mir rufst du. Ich wollte dich sehen, dich einmal ganz aus der Nähe betrachten. Und schon bist du woanders. Von Busch zu Busch, von Baum zu Baum, und hältst mich zum Narren. Zum Kuckuck!

Wieviele Lieder sind auf dich geschrieben worden! In der Schule stehen die Fenster offen. Die Kinder singen gerade: „Hier geiht de Weg na'n Kiwitt, Kiwitt, dar geiht de Weg na'n Kuckuck hen –" Lustig klingt es drinnen im Schulzimmer und lustig klingt es draußen im Feld: Kuckuck.

Scheuer Vogel du, wirst du uns bleiben? Wirst du wiederkommen in jedem Sommer? Bange ist mir oft darum. Wir vertreiben dich mehr und mehr. Wir nehmen dir Land und Wald und Ruhe. Alles begehren wir für uns.

Weit müssen wir wandern, wollen wir dich hören. Weit in die letzten Wälder, in die Reservate der Moore, weit in die Seemarschen.

Kurz ist dein Sommer. Und von Jahr zu Jahr singen

wir dir entgegen: Komm lieber Mai und bring uns viele Kuckucks mit!

In den Feldern

Der sandige Weg zwischen Schafsgarbe und Glockenblumen, zwischen rotem Klee und Reinfarn, wo führt er hin? In die Felder, in die erdduftenden, gelb-braunen sandigen Äcker, in die strohraschelnden Roggenfelder, in die tauigen Wiesen, in das Heidestück am Brink, über den alten Pferdefriedhof mit den Krüppelkiefern, in die sonnenwarme Sandkuhle, und wieder in die Felder, braun und gelb und grün.

Er schlängelt sich, der Weg, mal versteckt zwischen Knicks, Schlehdorn und Hagebutten, mal frei durch Gras und Klee, durch Unvertritt und Wegerich. Ist er nicht schön, der Weg? Man kann auf ihm gehen, langsam und bedächtig, weich und gut.

Der Hase geht auch hier, rennt in der ausgetretenen Furche entlang, und das Reh überquert den Weg gelegentlich. Hunde gehen hier, mit der Nase auf der Hasenfährte. Pferde gehen hier, unterm Reiter, weich im weichen Weg. Die Ameisen führen ihre schwarz glänzenden Heerscharen auf ihm über Berg und Tal. Und der Mensch geht hier, manchmal, wenn er sich Zeit nimmt für den alten, verwachsenen Weg in die Felder.

Schön ist es in den Feldern. Ich ging hier als Kind, Vater und Mutter neben mir. Mutter pflückte Feldblumen, die blauen Glockenblumen, die weißen Sternblumen, die gelben Hundeblumen, den roten Klee und das Zittergras zu einem hübschen Strauß. Ich pflückte die schwarzbraunen Schornsteinfegerblumen zu einem winzigen Strauß für meine kleine Hand. Vater schnitt sich einen Stock aus dem Knick, mit Knoten und Ästen und schälte den Griff blank. Das ist lange her.

Später ging ich auch diesen Weg. Mit fröhlichen jungen Mädchen. Wir sangen und lachten und trugen Brotkorb und Kaffeekanne. Wir gingen aufs Feld zum Rübenpflanzen. Und ich freute mich darauf. Ich meinte, es müsse herrlich sein, Rüben auf einen Acker zu pflanzen. Eine schöne Arbeit.

Dann aber habe ich mich gewundert, wie endlos lang die Reihen waren und wie endlos groß der Acker. Es dauerte Tage lang, bis der Acker voll war. Wir pflanzten Felder voll Rüben. Eine ganze Landschaft voll.

Das Schönste dabei war das Kaffeebrot am Knick. Nichts im Leben hat mir wieder so gut geschmeckt wie da draußen das Schwarzbrot mit Mettwurst und der Malzkaffee mit viel Milch. Wir saßen am Knick unter dem alten Eichbaum. Wir aßen und blickten über das Feld. Hübsch sah es aus. Die braune, geglättete Erde zur Hälfte mit grünen Pflanzen bedeckt, wie ein Muster. Nun freuten wir uns daran.

Über uns im Baum schrie der Kuckuck und flatterte weg mit Gekicher und schrie dann auf der anderen Seite vom Acker weiter. Die Erde duftete, herb und feucht. Nach, wonach eigentlich? Nach Rauch, nach Torf, nach Humus, nach Kräutern. Und je weiter es gegen Abend ging, um so stärker duftete die Erde.

Wir pflanzten bis die Sonne rot über dem Knick stand. Das war spät. Dann gingen wir nach Haus.

Etwas müde und zerschlagen, gingen über den Weg durch die Felder und freuten uns auf die Milchsuppe und die Bratkartoffeln im Bauernhaus. Das ist lange her.

Der Weg ist noch da. Ganz so, ohne Asphalt. Ein Zufall hat ihn im Naturzustand bewahrt. Man braucht ihn nicht mehr, den Weg. Er ist eine Sackgasse geworden. Für den Weg ist das gut. Für den Hasen auch, und für die Ameisen und für das Reh. Schließlich auch für den Kuckuck. Hier stört ihn niemand mehr, der unterm Eichbaum sitzt und Kaffeebrot ißt und mit den anderen lacht und schwätzt.

Der Weg durch die Felder, er ist mir lieb geworden durch alle die Jahre, durch alle die Sommer hindurch. Er ist ein Stück meines Lebens, denn in den Feldern bin ich aufgewachsen. In den Feldern habe ich gearbeitet, als ich jung war. Und was man jung tut, das prägt einen fürs ganze Leben.

Heute Abend will ich wieder einmal auf diesen Weg gehen, wenn die Sonne rot überm Knick steht, und mal sehen, wie die Rüben in diesem Jahr gewachsen sind, und ob die Hagebutten schon reifen, und ob der alte Eichbaum viele Eicheln hat, denn dann gibt es einen strengen Winter. Alles will ich sehen auf dem Weg durch die Felder, Hasenfährte und Rehspur, Ameisenwege und den Abdruck von Pferdehufen, und mir von ihm einen schönen Spätsommerstrauß pflücken. Rainfarn und Ebereschen, Schafsgarbe und Zittergras, und vielleicht steht auch die blaue Wegewarte noch da. Ein schöner Abendgang soll es werden, denn er ist so still und voll Frieden, der Weg durch die Felder.

Die Drossel

Die Drossel, die auch Spottdrossel heißt, hat mir eine Geschichte erzählt. Eine lange Geschichte. Einen ganzen Abend lang. Auf der alten Föhre hat sie sich niedergelassen. Ich sitze auf der Bank darunter und höre ihr zu. Der halbe Mond steht blaß am Himmel. Der Garten beginnt zu dunkeln. Und der Mond beginnt zu leuchten.

Die Drossel auf ihrem Tannzweig schwatzt fort und fort. Vom Tage. Vom heute gewesenen Tage. Soviel ist geschehen, was der Rede wert war. Angstgeschrei und Lobgesang.

Vom Entengeschnatter erzählt sie und von den Kiebitzen in den Wiesen. Daß die Amsel süß gesungen und der Kuckuck gelacht, und daß es ein Verschluck-Kukkuck gewesen sei. Kuckuck-uck imitiert sie ihn.

Die Konturen der Tannen werden schwarz. Wolken ziehen herauf, verhängen den Mond für eine Weile, ziehen vorüber, geben sein gelbes Licht wieder frei. Längst kann ich die gefleckte Brust der Drossel nicht mehr erkennen. Die Konturen ihrer schlanken Gestalt verschwimmen.

Sie aber bleibt auf ihrem hohen Sitz und erzählt noch immer. Sie weiß ja soviel. Daß der Buchfink gesungen, und die Meisen zizidä gerufen und die Amsel, mitten in ihrem Lied, tik-tik-tik scharf gewarnt, weil Nachbars

Kater unter den Baum geschlichen kam, aber sie hätten ihn vertrieben und seien dann alle in einen Lobgesang eingefallen, so melodisch, so schön!

Wann holt er Atem, dieser unermüdlich rufende Spötter? Solche Lust hat er am Rufen und Schwatzen. Immer Neues fällt ihm ein. Die Wildente kennt er auch. Quak quak, ja ja. Am Abend ist er dem Kauz begegnet. Kuii – aber der Amselgesang war doch am schönsten, und ihn kann sie, die Spottdrossel am besten nachahmen, volltönend, silberklar bis in die höchste Terz.

Ich sitze und lausche, während die Wolken vor dem Mond hin und herziehen, ihn an und ausknipsen wie eine Bühnenbeleuchtung. Und auf der Bühne, der Imitator, mein Solounterhalter wird seines Auftritts nicht müde. Bis die Welt ganz schwarz ist. Da kichert er und streicht ab in seinen Schlafbaum. Nun hat er auserzählt.

Schmetterling

„Bottervagel sett di
up miene Hand
up miene Hand –"
so singen die Kinder und strecken dem ersten Schmetterling des Sommers ihre Hände hin. Und der Bottervagel, der buttergelbe Falter läßt sich auf der Hand nieder. Staunend betrachten die Kinder ihn. Wie zart ist er gebaut, wie dünn sind seine Beine, wie zittert der Leib, wie lang streckt er seine Fühler aus und wie groß sind seine Augen! Anmutig hält er die Flügel zusammengeschlagen. „Mach sie auf!" Ein kleiner Kinderfinger berührt die Flügel vorsichtig. Gelber Staub bleibt an der Haut hängen. Aus Staub scheint der Falter gemacht. Bottervagel, sett di – da flattert er weiter, taumelnd durch die sommerliche Welt.

Wo er früher in Scharen die Wiesenränder säumte, tritt er heute nur noch vereinzelt auf. Er, und alle die vielen seiner Art, Tag- und Nachtfalter. Paradiesvögel des Nordens, für die ein paar Tage Taumelflug das ganze Leben ist. Wer mißt ihre Zeit? Wer will da einen Maßstab setzen?

Der Mensch begehrt die ganze Welt. Und im Begehren schon liegt die Vernichtung. Übers Kornfeld werden Gifte versprüht. Reine Saat bringt größere Ernten. Kornblumen, Mohn und Kornraden sterben. Und mit ihnen sterben tausende Kleinlebewesen. Schmetterlinge, gestern erst aus der Puppe gekrochen, heute schon sind sie tot. Vergiftet, ehe sie Hochzeit machten, ehe sie Eier ablegten, aus denen die häßliche Raupe kriecht, um wieder schöner Schmetterling zu werden.

Einzelne kommen davon. Schweben durch die Gärten, über die Wiesen, sitzen auf Blüten, Nektar saugend. Gebilde der Schönheit, zerbrechlich und doch perfekt.

Solche Vollendung schafft die Natur. Immer noch. Immer wieder. Der Mensch hat es verlernt. Profitgier tötet alle Schönheit.

Schmetterlingsspiel in der Sonne. Sich haschen und kriegen, buntes Farbenspiel dieser Schönwetter-Geschöpfe. Die Nachtfalter schwirren erst in der Dämmerung. Wenn sie sich zur Paarung zusammenfinden, bilden sie ein hübsches Ornament. Ihr kurzes Schmetterlingsleben ist bald vorbei. Das Wunder der Wandlung beginnt. Die fette Raupe frißt sich unersättlich durch ihre Tage. Starre Puppe hängt einen Winter lang in einer vergessenen Ecke. Ein grauer, verstaubter Sack. Darin aber pulst das Leben.

Es kommt ein neuer Sommer. Es kommt ein neuer Schmetterling. Wenn er Glück hat, entgeht er der Vernichtung durch den Menschen. Laßt uns die letzten Raupen schonen, um der Schönheit willen.

Auf den alten Höfen

Sommergrün schimmert das Marschenland, mit grasenden Rinderherden, so weit das Auge reicht. Und hier und da auf breiten Warften baumumrauschte Höfe, die größten Bauernhäuser der Welt, Königssitzen gleich. Dämmerung herrscht im Haus unter dem tiefen Reetdach, baumbeschattet, baumbehütet. Geborgenheit gibt diese grüne Dämmerung. Aus den Stuben sieht man weit ins Land hinaus, in die leuchtende Helle des Sommertages.

Im Westen ebbt und flutet das Meer. Atem der See, salzige, frische, reine Luft weht herüber. Westwind weht. Oft wird er zum Sturm und manchmal zum Orkan. Dann schwillt die See zum Ozean an, tobt gegen die Deiche und manchmal überflutet sie das Land.

An den Hauswänden der Höfe sind Markierungen der letzten Hochfluten gezeichnet. „Höhe der Sturmflut 1962" und „Höhe der Sturmflut 1976". Da lagen Sandsäcke vor den Türen. Da schwabbte die See über die Schwelle und machte einen Besuch in der Bauernstube. Und immer wieder ging das Meer zurück, immer wieder strahlt das Sommerbild, weiß leuchtende Wolken am blauen Himmel, bunte Blumengärten vor den Höfen. Frieden des Bauernlandes.

Wer auf diesen Höfen aufgewachsen ist, sieht das

Leben mit anderen Augen an, blickt tiefer, ruhiger, grüblerisch. Wer aus solchem Haus fortgeht, sehnt sich immer zurück. Einen kannte ich, der wurde Seefahrer und fuhr jahrzehntelang um die ganze Erde, er kam heim. Ein anderer wurde Gelehrter und verbrachte sein Leben in den großen Städten. Auch er kehrte heim, als er alt wurde.

Arbeit hieß das Leben auf den alten Höfen. Niemand aus der großen Hausgemeinschaft ging jemals in Urlaub. Der Feierabend war Urlaub. War Ausruhen vom Tagewerk. Über der Alkoventür eines alten Hofes stand der Spruch eingeschnitzt:

„Hest du dien Dagwark richdig dahn,
denn kummt de Slaap vun sülvst heran."

Konnten sie tüchtig arbeiten, die Bewohner der Höfe, so konnten sie ebenso tüchtig essen und auch feiern. „Ölben Pannkooken" aß Jan Früchtenicht sein Knecht. Und Bauernhochzeiten, Danz up de Deel, wer sie einmal mitgemacht hat, vergißt sie ein Leben lang nicht.

Manchmal lebt auf den alten Höfen ein „Gefangener des Himmels", in sich gekehrt, mit kindlich gebliebenem Sinn, Kind des Hofes, bei Bruder und Neffe beherbergt; Disteln stechend und Vieh hütend, seinen Tag dahinlebend, versorgt und glücklich in seiner beschränkten Welt.

Eine Uralte fand ich in enger Kammer, im Bett liegend, auf den Tod wartend. Sie sagte, „ich bin allein. Sie sind alle auf dem Feld." Es war Erntezeit. Sie haben auch etwas Melancholisches, die alten Höfe.

Mit den Alten, die sie so lange bewohnt haben, sind sie selber alt geworden. Die Zeit hat sie überrollt. Sie verfallen, überall im Land. Hier und da wird einer ins Museum gerettet. Und hier und da wird einer neu herausgeputzt, von Stadtleuten, die auf dem Lande wohnen möchten, in denen die Ursehnsucht nach dem Land wieder aufgewacht ist.

Aber der moderne Mensch, der die Romantik unterm Strohdach sucht, schaudert doch, erfährt er von vereisten Wasserpumpen im Winter, vom Holzschleppen zum Kachelofen, vom beißenden Rauch am Feuerherd. Und dennoch erfaßt ihn Sehnsucht nach dem überschaubaren Leben, nach dem Rhythmus der Jahreszeiten in der Geborgenheit eines Bauernhauses.

Auf dem Heuboden sitzt Niß Puk und im Kuhstall wohnen die Ünnereerd'schen. Auch heute noch? Abends fliegt die Eule aus dem Uhlenlock und nachts balgen sich Hausmarder unterm Dach.

Baumumrauschte Höfe in der Stille des Bauernlandes. Wie lange noch? Die Städte brechen gebieterisch in die Landschaft ein.

Mittagszauber

Es ist Mittag. Heißer Sommermittag. Wir sitzen im Heidekrug. Du und ich. Die Fenster sind weit geöffnet. Betäubend duften die Linden. Das Bienensummen in den Kronen ist wie ein feines, tiefes Läuten. Ihm zu lauschen macht wunschlos und glücklich und ein wenig schläfrig.

Verlassen liegt die Dorfstraße vor dem Haus in der Mittagsglut. Gegenüber versteckt sich ein Gehöft hinter hohen Bäumen. Ein Stück des roten Pfannendaches lugt aus dem Grün heraus. Hinter den Baumwolken, hinter dem Gehöft, weit, weit im Land, nicht zu sehen, aber zu ahnen, das Moor.

Die Luft ist heiß und schwer. Hier im Haus aber ist es kühl. Zitternde Muster malt die Sonne an die Wand, Lindenblatt-Schatten. Wir hören den Buchfink schmettern, der gut verborgen in den Zweigen sitzt und sich des Lebens freut. Er singt auch über Mittag, wenn die anderen Vögel schweigen.

Wir haben ein leichtes und das beste Mahl genossen, wie es das Land bietet. Stachelbeergrütze mit Milch, Schinken aus dem Katenrauch, neue Kartoffeln mit Erbsen und Wurzeln aus dem Bauerngarten. Nun rühren wir den Tee in den Tassen um und schauen zu, wie der Rahm sich in Wolken auflöst. Stille ist um uns und in uns.

Der Tee, welche Labsal ist er an diesem heißen Tag. Ich sehe zu, wie du trinkst. Die erste Tasse voll hast du durstig ausgetrunken. Und ich erkenne, wie sehr dir diese Stunde nottut, wie du dich erholst, bei dem Tee und auf dem Land. Der Durst wird gestillt. Wir trinken langsamer, wie aus einem tiefen, kühlen Brunnen. Und wir trinken zugleich die Stille um uns im Haus und draußen im Land.

Plötzlich blökt ein Schaf. Ganz nah und durchdringend. Wir erschrecken. Dann fangen mehrere zu rufen an und lachend entdecken wir, im Garten grasen Schafe. Weiße und braune, dort unter den Apfelbäumen. Mutterschafe sind es mit ihren Lämmern. Die Stimme der Jungtiere klingt hell und die Stimme der Alten antwortet im tiefen Ton.

Beide sind wir aufgestanden und ans offene Fenster getreten. Du legst den Arm um mich und still sehen wir zu, wie die kleine Herde im Garten grast. Es ist das schönste Sommerbild, eingefaßt in den Rahmen des offenen Fensters.

Hat die Wirtin uns vergessen? Sie kommt nicht zurück. Die Hitze lähmt alle und der Betrieb im Haus geht einen Gang langsamer. Wir sind ganz allein in der Gaststube. Die Hitze lähmt auch die Gedanken. Wir wollten uns so vieles sagen, uns erzählen, wie wir unsere Tage verlebt bis zu diesem Wiedersehen. Und nun schweigen wir. Diese Stunde hat das Wort nicht nötig. Wie gut, daß wir uns auch so verstehen.

Zauber des Mittags hält uns gefangen. Der Buchfink singt und die Linden duften.

Am Moorsee

Nach der Uhrzeit gemessen, ist es schon Abend. Aber noch steht die Sonne über dem Wald, läßt die spiegelglatte Fläche des Sees silbern erglänzen. Nur dort, wo der Baumschatten auf das Wasser fällt, erscheint der See dunkelblau und dunkler noch vor dem Uferkranz des weiß schimmernden Wollgrases.

Wie eine schön geformte Silberschale ruht der See im Rund des Kiefernwaldes. Wer hier am Ufer sitzt, genießt die Ruhe. Abgeschieden ist er von der geschäftigen Welt.

Noch immer singen die Vögel. Sie wollen nicht aufhören, sich des Tages zu freuen. Einen ganz eigenen Reiz hat dieser Moorsee. Seine Ufer sind in einem breiten Rand versumpft. Nur das Wollgras gedeiht dort. Man sagt, wer in den See springe, gelange nicht wieder ans Land.

In dem unbewegten Wasser bilden sich auf einmal Ringe, weiten sich aus, zerfließen am Ufer. Feines Piepen verrät, daß eine Entenmutter ihre Jungen ausführt. Flink paddeln die Kleinen im Fahrwasser der Alten. Ihnen ganz allein gehört der See.

Lau ist die Luft an diesem scheidenden Frühlingstag. Es wärmen noch die letzten Strahlen der Sonne. Schon färbt sie sich rötlich und in ihrem Schein schimmern die Kiefernstämme und strömen herben Duft nach Harz aus.

Goldkäfer kriechen über die rissige Borke. Ein brauner Falter taumelt noch suchend umher. Blitzend schießen die blauen Fliegen zwischen den Baumstämmen hindurch und am Ufer, dicht über dem Wasser, stehen zitternd blaue Libellen. Eine kleine Welt, wer will behaupten, daß sie unbedeutender wäre als unsere?

Im Schein der untergehenden Sonne steigt eine Säule von Mücken empor. Hoch und höher, hell summender, vibrierender Schlauch, seliger Taumel, in den Himmel, in den Himmel!

Noch immer sind die Stimmen des Tages da. Noch immer huscht und schwirrt es in den Zweigen. Leben, leben, solange der Tag dauert!

Länger wachsen die Schatten über den See. Dunkler erscheint das Wasser. Weißer leuchtet der Saum des Wollgrases. Nun schweigen die Waldvögel und auch das Schwätzen des Rohrsängers ist verstummt. Nur die Amsel läßt noch einzelne Töne durch die Stille perlen.

Rot ist die Sonne hinter dem Wald versunken. Schwarz stehen die Kiefernkronen vor dem rasch dunkelnden Himmel. Schwarz die Baumstämme. Schwarz das Wasser im See. Und auch der helle Schein des Wollgrases verlöscht. Einen Augenblick lang erscheint die Natur drohend, gespenstisch.

Die Frage nach den letzten Dingen, in der Heiterkeit des Tages ist sie unbeachtet geblieben. Nun steht sie auf, wird deutlicher, drängender. Was bleibt von unserem Tag, von unserem Leben? Wie können wir vor solchen Fragen bestehen? Das ist ein Geheimnis, so tief wie der See.

Da erklingt aus nachtdunklem Ufergebüsch ein weiches Flöten, ein silberhelles Schlagen, ein feiner, langer

Triller. Die Nachtigall singt. Unnennbar schönes, paradiesisch Lied.

Die Nachtigall weiß das Geheimnis um die Frage nach den letzten Dingen zu lösen. Sich hingeben an die Stunde, das ist es.

Braune Heide

Vorbei ist der Sommer. Vorbei die Blütezeit der Heide. Der so viel besungene rosarote Schimmer ist braun geworden. Die Scharen der Heidewanderer sind wieder in die Städte zurückgegangen.

Die Bienen haben sich in ihre Immenkörbe zusammengeschart, die Fluglöcher sorgfältig zugeklebt. Der Schäfer verkleinerte seine Herde. Nur noch vereinzelt, in Stallnähe, sieht man eine kleine graue Schar.

Wind fegt übers Land. Peitscht die Birken. Graue Wolken jagen über den Himmel. Kalter Regen prasselt. Nichts Verlockendes hat die Heide mehr für Spaziergänger und Schön-Wetter-Leute.

Und doch! Welche Tage! Welch urwüchsiges Erleben auf der Heide im Herbst! Lodenzeug angezogen und wasserdichte Stiefel und hinaus in die herbstliche Heide! Bruch und Busch gehören dem Jäger und Naturfreund allein. Das Wild wagt sich wieder aus dem Dickicht hervor. Der Rehbock hat sich eine Fettschicht angefressen. Glänzend und dicht ist sein Winterfell. Und der Hase ist feist geworden.

Die späten Zugvögel rufen noch. Wildgänse ziehen und das melodische Singen der wilden Schwäne tönt in der Luft. Rätselhafter Drang nach Süden, rätselhafter Zwang auf bestimmten Reiserouten. Der Kauz hat seine hohe Zeit, jetzt in den unwirtlichen Wochen.

Seine verliebten Lockrufe klingen die ganze Nacht. Kuii-witt – Komm mit. Sehnsuchtsvoller Liebesruf an die verborgen sitzende Käuzin. Im Winter werden Kauzkinder im dicken Daunenkleid warm verpackt im Tannennest heranwachsen.

Der Duft nach Erde ist in dieser Jahreszeit ganz stark. Die Erdgebundenheit allen Lebens, jetzt wird sie uns bewußter. Man gerät unversehends in tiefere Gedanken. Bienentaumel auf blühender Heide ist anders als der schwerfällige Bussardflug über dem braunen Land. Alles hat seine Zeit.

Polarwind weht. Bald wird es schneien. Aber unsere Hoffnung ist unzerstörbar. Unter der Winterdecke, an den hölzernen Stengeln der Besenheide sitzen die unzähligen vorgebildeten Blüten für das nächste Jahr, Rosenrot versteckt in Grün, versteckt in Braun.

Am Hünengrab

Abseits vom Wege liegt das Hünengrab. Umwachsen von Heide und Gras, umrankt von Kranichbeeren. Der Wind singt um die grauen Steinblöcke. Raben umfliegen die Stätte mit heiserem Schrei. Odins Vögel.

Hünengräber, Gräber der Vorzeit, Grabstätten von Hünen, Riesen ... sagenumwoben, so weiß es der Volksmund. Königsgräber des Nordens. Wenige sind erhalten. Viele zerstört. Die Findlinge verschleppt, zerschossen, verbaut. Die Grabkammern ausgeraubt. Ewige Gewinnsucht der Menschen.

Die letzten Hühnengräber sind unter Schutz gestellt. Granitfelsen aus Skandinavien, vom Eis hergewuchtet vor Jahrtausenden. Aufgebaut als Grab von Menschenhand, Jahrtausende später. Eine würdige Stätte für die Toten.

Das Hünengrab abseits vom Wege, Menschen haben es geöffnet, wieder Jahrtausende später. Was suchten sie dort? Was suchen Menschen immer? Schätze. Grabbeigaben. Einen König in einem Königsgrab.

Die Findlinge wurden abgehoben. Die Erde abgetragen, Schicht um Schicht. Eine mühsame Arbeit. Und was fanden sie, die Suchenden? Nichts.

Und wie erstaunt schauten sie in das offene Grab, als sie das erblickten, was nichts mehr war: Eine dunkle Spur im gelben Sand. Leichenschatten, humose Verfärbung.

Dort hatte er gelegen, der König, der Krieger, der Häuptling, was immer er auch gewesen sein mochte in seiner Zeit. Er hatte sich verwandelt zu Erde. Deutlich war die Menschengestalt im Sand abgezeichnet. Das Skelett, der Kopf.

Der gewesene Mensch aus uralter Zeit war er in seinem Nicht-mehr-da sein nicht doch beredt? War es nicht, als spräche er: Seht hier, das bleibt von uns. Ein Schatten im Sand. So gehen wir ein in die Erde, wir Menschen wie die Tiere, wie die Bäume, wie alles Leben.

Sie standen verwundert, enttäuscht, ergriffen und ehrfürchtig, die Suchenden vor dem Schatten im Sand, vor der Vergänglichkeit des Lebens.

Und sie behüteten und bewahrten. Sie zeichneten und fotografierten. Sie maßen und analysierten. Zur Forschung, zur Bildung. Dann deckten sie das Grab wieder zu. Erde auf Erde. Stein auf Stein.

Wieder wuchs Heide und Gras. Wieder rankten Kranichbeeren. Kiefernsamen keimten, wuchsen zu Bäumen hoch.

Nicht weit davon verläuft sie Autobahn. Motoren lärmen. Die Menschen brausen auf rasenden Rädern vorüber. Dem Tag, ihrem Tag, dem Leben, ihrem Leben hingegeben.

Abseits liegt das Hünengrab. Schneeverweht im Winter. Schattengekühlt im Sommer. Der Wind singt in den Kiefernkronen. Harfenton, Orgelbrausen. Sturm bricht die Äste. Geköpfte Stämme ragen kahl empor. Das Grab bleibt. Und der Wind singt, wie er seit Jahrtausenden gesungen hat.

Herbst

Die Ernte ist eingebracht. Der Garten ruht. Felder und Wiesen warten auf die Winterdecke. Früh fällt die Dunkelheit und damit sind die langen Abende da, die uns nach eines Sommers Tagewerk nun zur Besinnung kommen lassen. Da gibt es manches, das uns an einem Herbstabend glücklich macht.

Im Hause, am Feuer sitzen, vor einem gemütlichen Kachelofen, am offenen Kamin oder am Herd; auf das Singen des Windes im Schornstein lauschen, auf das Rauschen eines alten Baumes über dem Dach. Den schrillen Schrei des Kauzes hören und das verlorene Rufen der Zugvögel, wissend, daß der Kauz zu uns gehört und die Zugvögel im nächsten Jahr wiederkommen.

Auf das Plätschern des Regens hören, der die letzten Blätter von den Bäumen löst, und dann die Lampe einschalten, um ein Buch zu lesen, auf das man sich lange gefreut hat.

Nebel vor dem Fenster haben, sich und sein Haus umhüllt von dem weichen, weißen Mantel des Herbstes, der das Nachbarhaus unendlich weit rückt, der die Stimmen dämpft und alle Schritte lautlos macht.

Feierabend, die tiefe Bedeutung des Wortes wird uns auf einmal bewußt. Wein ins Glas füllen, eine Schale voll Obst auf den Tisch stellen. Im Wein die Süßigkeit des Sommers wieder kosten und mit Apfel und Birne sonnige Tage noch einmal genießen und dankbar sagen können: Wieder ist eine Ernte gewesen.

Sehen, wie der Mond aufgeht, den unsere Wissenschaft erforscht und der uns immer noch am vertrautesten ist, wie er, gleich einer großen, orangefarbenen Laterne weiterwandert und wie an seinem Weg Stern an Stern aufblinkt. Den goldenen Wagen suchen, der mitten über unser Haus fährt und uns fragen, ob wir auf unserem Weg genauso gelenkt werden wie er auf seinem.

Warten auf Besuch, auf einen geliebten Menschen, und wenn das Teewasser im Kessel singt, die Kerze anzünden, um im warmen Schein des Lichtes die alltäglichen Dinge um uns verändert zu finden, ein wenig verzaubert, entrückt, und uns selbst ganz versammelt, ganz bereit für den anderen.

An der Au

Es gibt viele Brücken im Land. Über die Flüsse, über die Ströme. Über die Au aber führt keine Brücke. Der Autofahrer, der zum anderen Ufer will, muß einen weiten Umweg über die Stadt machen.

Die Au läuft langsam zwischen den Deichen durch das Marschenland, durch das grüne Wiesenland, beschaulich und still. Nach gewundenem Lauf mündet sie weit draußen in den großen Fluß. Zwischen Kälberrohr und Erlengebüsch, durch das raschelnde Reeth fließt sie, Himmelsblau und weiße Wolken heiter spiegelnd. Aber wenn die Erlen vor dem Brand des Abendrots schwarz in die Höhe ragen, wird die Au zu einer schwarzen Schlange.

Genaugenommen ist die Au ein Priel, mit dem großen Fluß durch Ebbe und Flut verbunden. Sechs Stunden hin – sechs Stunden her, der Atem des Ozeans geht in der kleinen Au ein und aus.

Herbstzeit. Zugvögel fliegen über die Au. Lassen sich zu kurzer Rast nieder. Schreiend, kreischend, zwitschernd, jeder nach seiner Art und alle voller Unruh im Drang nach Süden.

Große graue Wolken kommen von See. Wie verlassen liegen die Gehöfte im Land. Wie verlassen steht die windschiefe Kate am Deich. Hier wohnt der Fährmann. Sein Boot liegt festgebunden am Steg. Wird er noch einmal herausgerufen werden zu herbstlicher Überfahrt? Er erbte den Fährbetrieb von Vater und Großvater. Er führt als letzter die Überfahrt durch. Wer nimmt schon eine Fähre?

Die Glocke am verwitterten Pfahl tönt blechern, als wir am Tau ziehen. Es ist das Signal, das ihn aus dem Haus ruft. Und er kommt, alt, gebeugt, schwerfällig. Langsam steigt er die Stufen zum Wasser hinab. Er erwidert unseren Gruß nickend, klettert ins Boot und hilft auch uns hinein. Wir nehmen Platz auf der Bank. Er steht im Heck und rudert.

Schweigsam geht die Fahrt vor sich. Der Beruf des Fährmannes ist sagenumwoben. Etwas Grüblerisches, Tiefsinniges haftet dem Fährmann an. Das ständige Hinüber über die ungewisse Tiefe, der Strom der Gezeiten und die oft melancholische Stimmung der Landschaft prägten das Wesen des Fährmannes. So auch den Alten hier an der Au. Er kennt die Gewalt von Hochfluten, die in Sturmesnächsten die Au schwellen lassen, die den Fluß toben lassen wie ein Meer. Davor ist jedes Wort bedeutungslos.

Auch jetzt spüren wir die Gewalt der Tide. Die auflaufende Flut zieht das Boot schräg über das Wasser. Der Fährmann muß alle Kraft aufwenden, um es nicht abtreiben zu lassen. In der kleinen Au sind die verborgenen Kräfte der Gezeiten mächtig.

Fuhren hier wohl die „Ünnereerd'schen" hinüber, als sie unser Land verließen? Wer weiß noch von ihrer Überfahrt? In den alten Geschichten steht es und der Wind weiß davon.

Nach kurzer Zeit hat der Fährmann uns übergesetzt. Das Boot stößt ans andere Ufer. Der Fährmann steigt als erster aus, hält das Boot fest, und hilft uns, herauszukommen. Wir geben ihm den Fährlohn in die Hand, und als wir den Deich hinaufgehen, stößt er schon wieder ab. Dunkle Gestalt auf dem dunklen Wasser. Es war seine letzte Fahrt vor dem Winter. Der Frost kommt und das Eis und die Stürme.

Im Frühjahr werden wir wieder seine Gäste sein. Vielleicht . . . wer weiß . . . Der Fährmann ist alt und ein Winter ist lang.

Im Bauernwald

Der Bauernwald ist der Urwald der norddeutschen Landschaft. Die ältesten Eiben wachsen hier. Dunkle Baumgestalten, den herben Duft verströmend, der auch den Beeren eigen ist, die von den Vögeln gern genommen werden.

Je tiefer man in den Wald eindringt, um so finsterer wird er, unzugänglich. Eng stehen die Bäume, um den Lebensraum kämpfend. Ein Dach aus Baumkronen verdeckt den Himmel. Ewige Dämmerung herrscht darunter.

Baumriesen breiten sich gebieterisch aus. Wie alt sind diese Bäume! Wie lange muß so ein Baum wachsen, bis er reif ist. Länger dauert sein Leben als jedes Menschenleben. Dunkel überwächst er den Weg.

Der Weg verliert sich zum Pfad und auch dieser ist bald überwuchert von kniehohem Kraut, sumpfig wird der Boden, Farnkraut schließt sich zusammen, zu grünen, mannshohen Höhlen. Vom Sturm entwurzelte Bäume liegen kreuz und quer. Wie riesige Teller ragen die Wurzeln aus der Erde. Legt man die Hand an den Stamm, fühlt man die borkige Rinde, sinnt man, so wurde er dem Boden entrissen, so stirbt er, wird morsch, sinkt zusammen, zerfällt, wird zu Erde, aus der er einmal als Keimling hervorgegangen ist.

Es riecht nach Moder, Fäulnis, Verwesung. Hier

erkennt man, auch der Mensch ist Erde, von Erde genommen, wieder zu Erde werdend. Nirgends ist einem die eigene Vergänglichkeit bewußter als in dieser Waldwildnis.

Nirgends aber auch tritt das Leben gedrängter auf, voller, intensiver als hier. Tausendfältig klingen die Stimmen des Waldes. Die vielen Vogelstimmen, Gesang aus Lebensfreude. Schließt man die Augen, so vernimmt man das Geräusch der unzähligen Kleinlebewesen. Ein Klopfen und Nagen, ein Wispern und Raunen überall. Der Wald ist voller Leben.

Es ist gut möglich, daß einem hier eine Rotte Wildschweine begegnet. Und der Hase, der eigentlich Feldhase heißt, hier setzt er sich langbeinig und hochohrig ohne Scheu mitten auf den Weg. Versteckt hält sich das Rehwild über Tag im Dickicht auf. Mitunter knackt ein dürrer Ast, bewegen sich Zweige. Zwischen dem Grün sieht man einen Augenblick lang ein helles, geflecktes Fell. Zwei Augen schauen unergründlich und fremd.

An einer Lichtung hat der Jäger einen Hochstand gebaut. Wenn zur herbstlichen Jagd die Hunde durch den Wald bellen, wenn der Jäger vor dem erlegten Stück Wild steht, dann weiß er um Leben und Tod aller Geschöpfe, auch des Menschen, weiß es tiefer als andere. Aber heute jagt er nicht, heute ist er mit dem Fernglas auf der Pirsch, heute hütet er und hegt.

Die Einsamkeit, die der Jäger liebt, hier im Bauernwald ist sie am stärksten. Kein gepflegter Forst, kein Stammwald, keine Schonung erreicht die Abgeschlossenheit dieses urwüchsigen Waldes. Kein Mensch legte seine Hand daran. Hier herrscht das Gesetz des stärkeren.

Abweisend ist der Wald. Und wer in ihn eindringt, bekommt ein schlechtes Gewissen. Es ist, als wiese Pan den Menschen zurück. Die Schöpfung hat hier ihren Urgrund. Hier erschafft sie ununterbrochen neues Leben und hier läßt sie ununterbrochen Leben vergehen. Der Ring Tod-Leben, hier schließt er sich.

Regen im Wald

Der Wald ist voll Regen. Und Regen ist ein guter Gesang, der nachklingt in den tropfenden Bäumen, in den rieselnden Wassern und im späten zaghaften Lied des Rotkehlchens.

Der Waldweg ist weich und federt bei jedem Schritt. Schwer von Wasser hängen die Zweige herab. Tropfen schillern an den Blättern und fallen, fallen auf die bemoosten Steine, laufen zu kleinen Rinnsalen zusammen und plätschern vielstimmig den Weg herunter, wo sie sich wie ein Wildwasser ergießen. Es riecht nach reinem, frischem Wasser. Die Bäume haben sich vollgesogen, die Moose und die Farne und sie verströmen nun einen herben, würzigen Duft. Eichhörnchen peitschten im Sprung die Bäume und lösen dabei einen prasselnden Tropfenfall aus. Der Fuchs schleicht umher und holt sich ein nasses Fell.

Man trifft niemanden im Wald. Nur der alte Waldhüter geht einmal am Tag mit dem Rucksack auf dem Rücken und dem riesigen schwarzen Regenschirm aufgespannt den Waldweg entlang zum Dorf, um einzukaufen. So ein Regenschirm sagt der Feldhüter, ist ein unentbehrliches Ding. Man kann sich darauf stützen, man kann damit lästige Steine aus dem Weg räumen, oder Brombeerranken auseinander biegen und bei Regen hält man ihn tief über den Kopf, daß man wie ein großer, wandelnder Pilz durch den Regen geht.

Mit ihm, dem Feldhüter wechseln die Holzfäller manchmal ein Wort und vielleicht auch mit der Klöpplerin, die im letzten Jahr in das Haus am Waldrand gezogen ist und bei gutem Wetter vor der Tür sitzt und die Klöppel tanzen läßt. Vor dem Haus blühen Geranien leuchtend rot. Genau so ein Rot brennt auf den Wangen der Frau. Blond ist ihr Haar, zu einem Kranz um den Kopf gesteckt und strahlend blau sind ihre Augen. Und wenn Märchen wahr wären, so müßte man glauben, sie sei die Waldkönigin.

Aber sie ist keinem Märchen entstiegen, im Gegenteil, sie hat eine ganz handfeste Meinung. Wenn man sie fragt, wie der Sommer war, dann zieht sie die Stirn in Falten, wiegt den Kopf hin und her und sagt, „Ach, gar nicht gut. Es kamen zu wenig Gäste, da geht das Geschäft schlecht."

Aber sie leidet keine Not. Sie lebt nicht vom Klöppeln allein, sie hat im Haus Feriengäste, solche, die abseits von allem Tourismus die Stille suchen und wandern wollen, und die es lieben, unter dem tiefen Dach eines Waldhauses auf den Regen zu lauschen.

Und Regen ist ein guter Gesang, der nachklingt in den tropfenden Bäumen, in den rieselnden Wassern und im späten zaghaften Lied des Rotkehlchens.

Winterwald

Weg durch den Winterwald, stiller Weg. Ein letztes Blatt, das fällt. Vögel zirpen zaghaft. Gestern ist das Amselmännchen aus dem Baum gefallen. Tot. Gefallen mit ausgebreiteten Flügeln, als flöge es, gefallen mit offenem Schnabel, als singe es. Wie lange hat es gesungen? Wer zählt die Sommer? Das Frühjahr wird kommen und im Wald wird das große Singen erschallen, von vielen Amseln. Gesang stirbt nicht.

Der Wald schläft den langen Winterschlaf, nachdem der Herbstwind durch die Baumkronen gebraust ist und die Blätter zu goldenem Teppich ausgebreitet hat. Vorüber ist die Zeit der Zugvögel, verweht das Rufen der Wildgänse unterm Sternenhimmel. Es krächzen nur noch die Raben.

Im Weg sind Abdrücke von Pferdehufen. Die Hubertusjagd ist hier vorbeigetollt. Jetzt glitzert Eis auf den Spuren.

Einmal stand hier ein uralter Hochwald, die Stämme wie Säulen im Dom, die Kronen wie ein Dach und ein leises Rauschen darin, immerzu. Am Eingang zu diesem Wald wies ein Schild die Aufschrift: „Kumm int Holt un swieg fein still un hör de Vogels singen. Riet nix af un pedd nix twei un laat keen Schiet hier liggen." Und die Menschen hielten sich daran. Sie gingen still durch den Wald. Bis der Krieg kam. Da war der Wald an einem einzigen Tag abgeschlagen und das Schild dazu. Es roch nach Feuer und Rauch.

Und die Zeit verging. Jahre später wuchs aus den Samen des alten Waldes ein neuer Wald hoch. Dicht und dunkel steht er nun. Die Tannen wie ernste Frauen, einen grünen Umhang um die Schultern geschlagen, dem der Winter einen weißen Spitzensaum gewebt hat.

Die Vögel finden sichere Heimstatt hier. Wildkaninchen halten unter den Wurzeln ihren Winterschlaf und auch der Fuchs wohnt dort. Im Dickicht stehen die Rehe, vor hartem Wind geschützt. Je tiefer man in den Wald geht, um so dichter wird die Wildnis. Der Weg verliert sich zum Pfad. Schließlich ist auch der Pfad überwuchert. Als habe keines Menschen Fuß den Wald zu betreten. Der Wald gehört den Tieren.

Über einer Lichtung steht am eisblauen Himmel messerscharf der Kondenzstreifen eines Flugzeuges. Klar, fremd. Der singende Ton der Maschine kommt wie aus einer anderen Welt. Menschen reisen zwischen fernen Ländern hin und her, von einem Terminkalender beherrscht.

Hier hat der Flugplan von Düsenclippern kein Gebot. Hier herrscht der Wald. Und in ihm steht der kleine Baum, der Sämling einer großen Fichte, der leise gewachsen ist aus der Stille der Zeit. Glitzernde Reiftropfen hängen an seinen Zweigen. Er steht da wie ein Zeichen der Hoffnung in der Dämmerung des Winterwaldes, voll Licht.

Land, dein Lied

Land, ich sing dein Lied –
das rauschend klingt wie der Wind aus West,
der über deine Deiche fährt
und schwer sich in die Marschen wirft,
die Lindenkronen schüttelnd am Gehöft,
dukend das Strohdach tiefer hinab,
Wolken vor sich schiebend
regenträchtig grau.
Der Möwenschwärme über den Acker streut,
wie Flocken weiß und leicht,
und mit sich bringt den salzen Hauch der See.

Land, ich sing dein Lied –
das lieblich klingt wie Goldammersang
zur Maienzeit im blühenden Schlehdornknick,
wenn früh im Tau die Wiese blinkt
und über Äcker balzend die Fasanen gehn,
schillernd ihr Gefieder breiten in der Sonne,
die sich hundertfältig spiegelt in den Seen.

Land, ich sing dein Lied –
das still verklinget wie der Tag zur Herbsteszeit
über deiner Buchenwälder flammend Dach,
aus dessen Tiefe rauh der Rothirsch röhrt,
weit verkündend, daß die Nebel kommen,

die den Sommer enden und den Schleier senken
über Feld und Weg und Haus.
Sieh, der Rauch steigt auf zum Himmel,
steht im Abendrot wie eine Schrift.
Drinnen sitzt man um das Feuer
auf ein gutes Nachbarwort.
Leise löst vom Jahr sich Glied um Glied.
Land, ich sing dein Lied.